MW01396664

Sudoku Advent Calendar

THIS BOOK BELONGS TO:

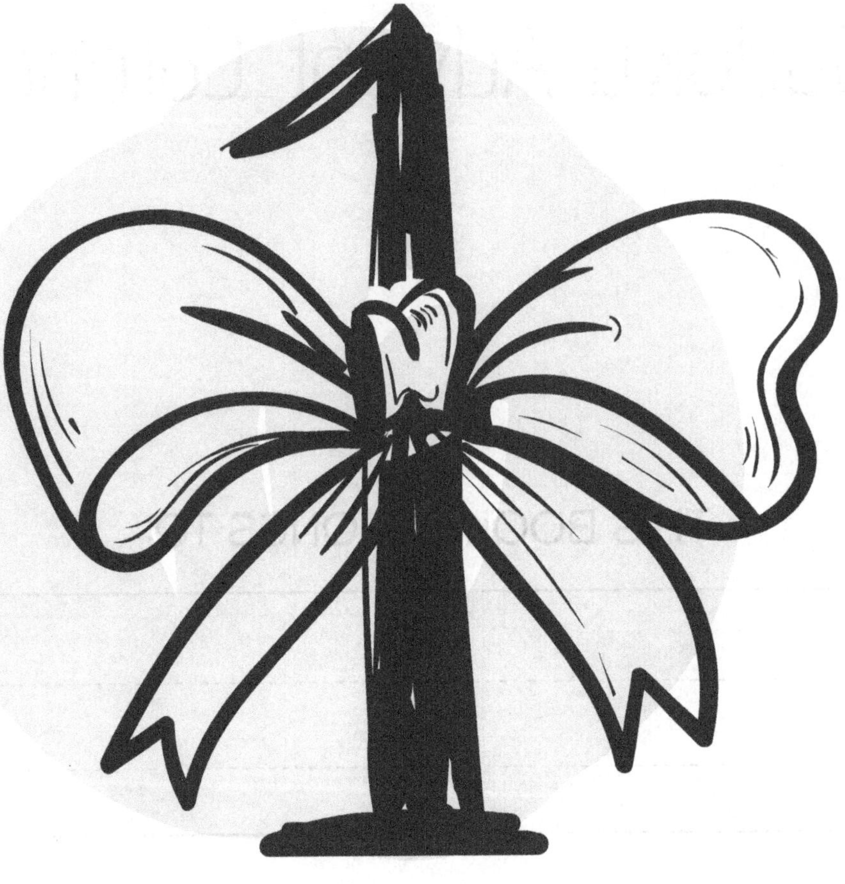

Sudoku - 1

9	8	6		7				
	1	7				8	6	9
3		2		9	6	7	5	1
2		1		8				
7	9	3		6	1	5	4	8
8		4			9	2		3
6	7	5		3	4	1		
	3	9		2			7	6
4		8		1	7	9		

Sudoku - 2

	1	4		7	8		9	5
	6	9		4		2		
3	5			9		4		8
4	9	2	8	5	1		6	3
	7	8	6	3	9			2
		1			7	8		9
	2			1	3	9	8	4
	8			6		3	2	1
1					2	5		6

2

Sudoku - 3

8			6	5	2	4	3	1
2				4		5	6	
		6	3	7	1		9	
9		8			3	7		
1		7	5	9	4	6	8	
5	4	2		6		3		
6	2	5	4	8	9	1		3
		1				8		4
3		4		1	5		2	

Sudoku - 4

7	8	5					2	9
6	1			5	7			4
4	2	3	9		8	1	7	5
	5	7		3		4		6
8			5	9	6		3	7
2			7	4		9		8
	9	2	1	8			6	3
	7			2	9	5	4	1
		4	3			8		2

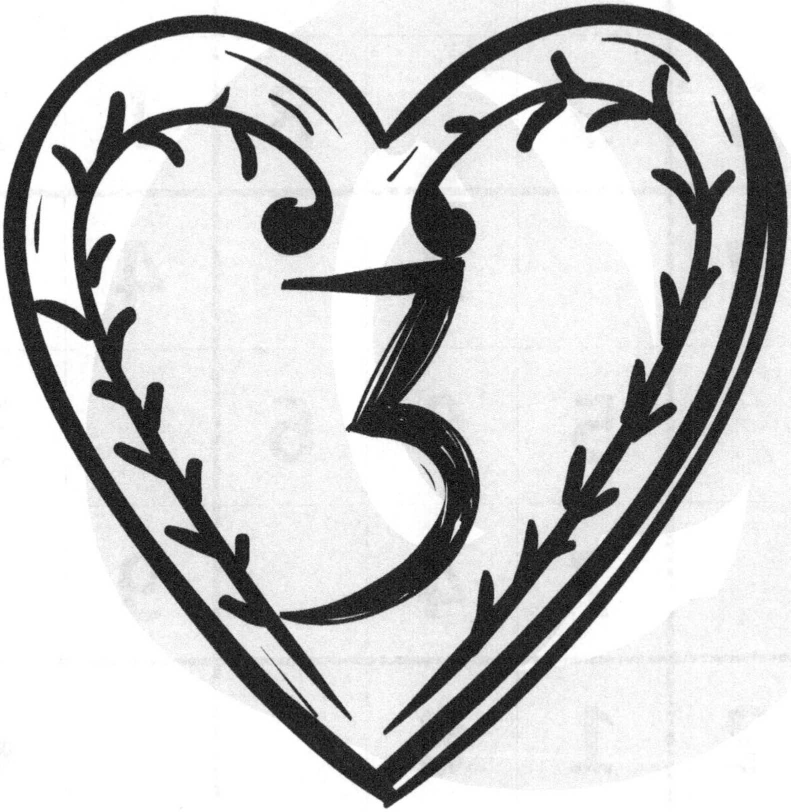
3

Sudoku - 5

			8	9		4	6	7
3		8	2	4			1	9
9	7						2	
6			3	5	2			
1		7	6	8	4	3		2
	3	2		7	1	6	8	
2		5	4	1		7	3	6
						2	5	
7	1	3		2	6	9	4	8

Sudoku - 6

	6	1			2	3		8
	5			4	8	1	6	
3	8		6				5	2
		6	9			8	7	4
1	4		7	6		2		3
	2	7	4		3		1	
8				7	6		3	9
		2	1	3	9	5		
6		3	8	5	4	7		1

4

Sudoku - 7

9	4		3	7		5	1	
	1		9	5	8		6	2
			4	2	1	9	3	
4	7		1		2	3		
	2		7	3	9		4	
6			5	8		7		1
2		4	8		3			
3	9	6	2		7		5	4
	8		6	4		2	9	3

Sudoku - 8

2	6			8	7			4
8	7	5	4	3		1		6
9	4	3			1	8	7	5
	9		3	5	8		1	2
3		6	7	1				9
	5			4	6		8	3
	1			6	4	3		7
4						2	6	1
	2	9		7		5		

5

Sudoku - 9

1	5		4	7		3	6	
	3	9			1		4	
7	4		2	3		9	1	5
8	6	5					7	9
3				9	8	4	2	6
	2		6		7	8	5	
	1		9	6		5	8	7
			1	2	3		9	4
			7		5	2	3	

Sudoku - 10

6		3				1		7
4		9		2	1	3		8
5	1		3	7	8		4	6
8	2	1		6		4	3	9
	5			4	3		8	
3	4	7	2	8		6		
1		5	8			2	7	
	9	8		1		5	6	
	6		7		5	8		

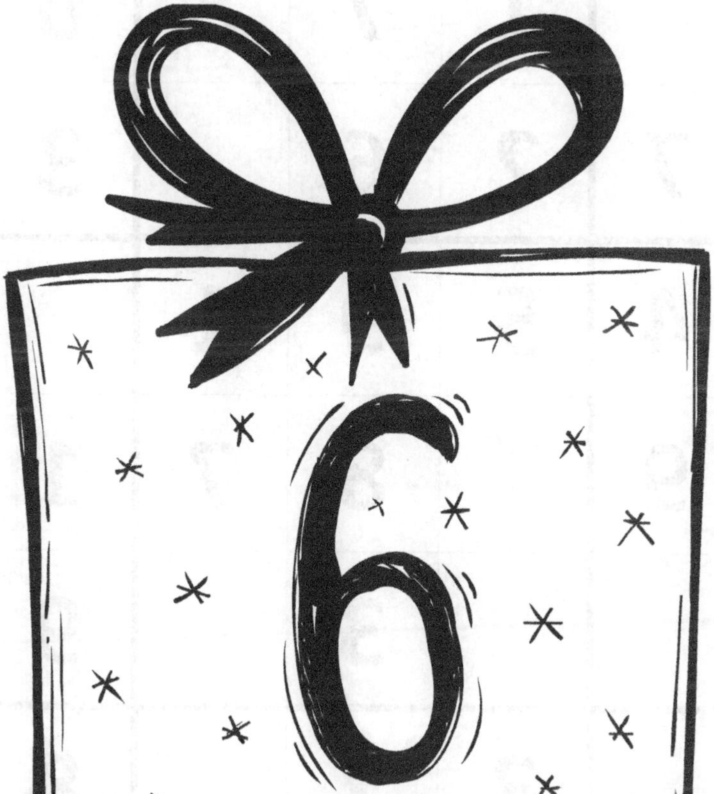
6

Sudoku - 11

	8		9	4		7	5	2
5			1	7	8	6		4
	9	7	2	6		3		8
		4	5	9	1		8	
2	5	9		8	7	1	6	3
7	1			3		9		5
			3	2		8		
	4		7			5		
3	7			5		4	2	9

Sudoku - 12

		3		9				4
	4	1				2		3
5		2		3	4	8		1
6	5	7	2	4				9
3	9				1	5	2	8
1		8		5		4	6	7
2		9		6	7		4	5
8		5		2		7	1	
4			3	1		9	8	2

7

Sudoku - 13

7	6	4	3	5		8	9	2
5			4				7	1
			6	2	7	5	4	
1						7	8	
2	5	7		6		1		
3	9		7		5			4
8	2	9						6
	7	5	9	4	2	3	1	8
4	1		5		6	9	2	

Sudoku - 14

8	9		7	3		4	6	
	4		2		8	3	5	7
7		3				8	9	2
4	6	9	3	5	7	2		8
			9	8				5
5	1		4				3	9
6	8				9		7	
	7	1	8	4	3			6
	3	5	1				8	4

Sudoku - 15

5	9	2	3	8		6		7
3	4	7	6	2	5		8	
	1		7	9		3	2	
6	3	4	9	5	7		1	
2		5				7		9
9				3	8	5	6	4
				6	9		7	
	6	9				8		2
7	5	3		4				6

Sudoku - 16

7		4			5	1		6
8		6		4	1		7	
1			7	6		4	3	8
		2		7			6	1
3		8				7	9	
9	6		4		3	8	5	2
5	8	1	6				4	7
6	4			5	7	2		
2			8	9	4		1	5

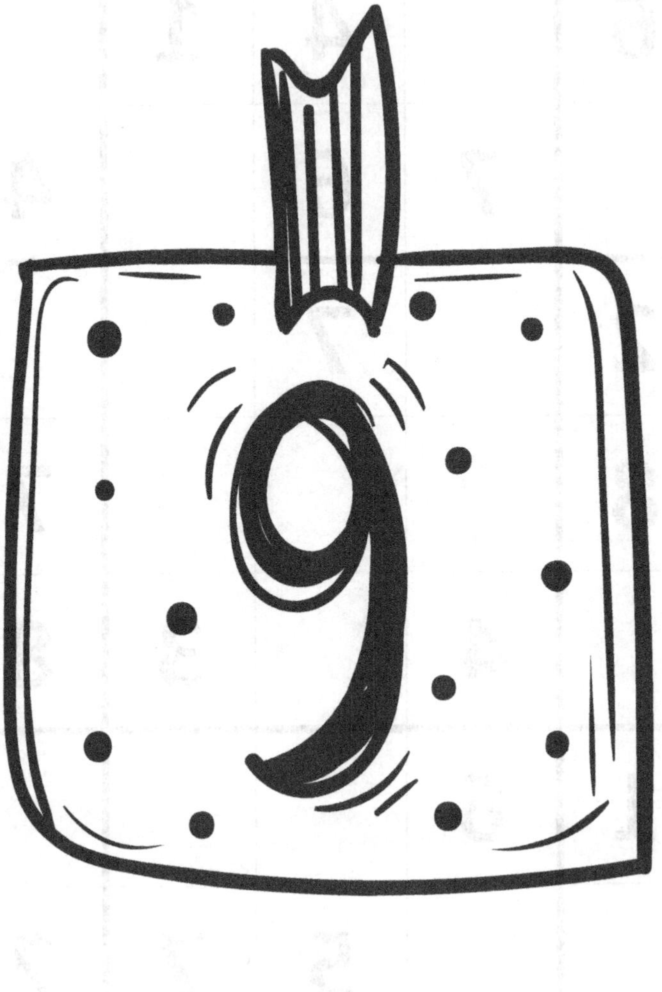
9

Sudoku - 17

	9		2		6	4		
2			5		4	9		7
		3					8	6
6	7		1	5		3		
	1	9						
3	2			4	7	5	6	1
		5	8	1	3	7		2
7	3		4	2	9	6	5	8
		2				1		3

Sudoku - 18

	5	9	4	8	6			
	2		5			9	4	8
8	4	7	3		2			
7	3	2		4		5	9	
		6						
4		5				1		
5			7	3	4	8	6	
2	7		9	6	8		1	5
	6	8		2	5	4		9

10

Sudoku - 19

5				6	9		7	8
			3			1		
3	6	7		1		9		
1		6	7	8	4			
	7	3				6	8	5
8	2			3	6	7	4	
		1		5	8		2	3
2	3	5	9		7	8	1	
	8		1	2		5	9	7

Sudoku - 20

6		4	1	3			9	
3	7		9		8	4	6	
		5		6	7			3
4	5	7			3	6	2	
	2						5	4
	6	9	5		4	8	3	
5	4	6	2					
7	9	8	3	4	6	5	1	
		1	7			9		6

11

Sudoku - 21

	9		4	7	1			3
3	6					8	4	7
7	5	4	3		6			
2	3			4	8			6
	7	6	2		9	1		
9	1		6	3	7		5	
6	8	3	9			2	7	5
				2	3	6	1	9
1	2	9		6		3		4

Sudoku - 22

9	5		4				3	1
3		2	9			8	4	
8	4	1	7	3				2
	2		3		8		7	
4	3			1	9	5	2	8
			2	7	5			
2		8	5	6	7	4	9	3
5	9	3		2		6		7
				9	3	2	1	5

12

Sudoku - 23

2	1	4				7		9
		3	2		8	1	6	
					1	3	4	2
1	6	7	3		2	5	9	
3			4		6		1	7
		8		1	9	6		
4	9	5	8		7	2		1
	3		5	2		9	7	8
7			1	9		4	5	

Sudoku - 24

5	2	9	4		8		7	
7		8			1	6	4	5
			7	3	5	8		
	6			4			8	9
		3			2	1		
	4	5		9	7		6	3
3	9		8			5	2	
4	5	7	2		6		3	
2	8			5		4		

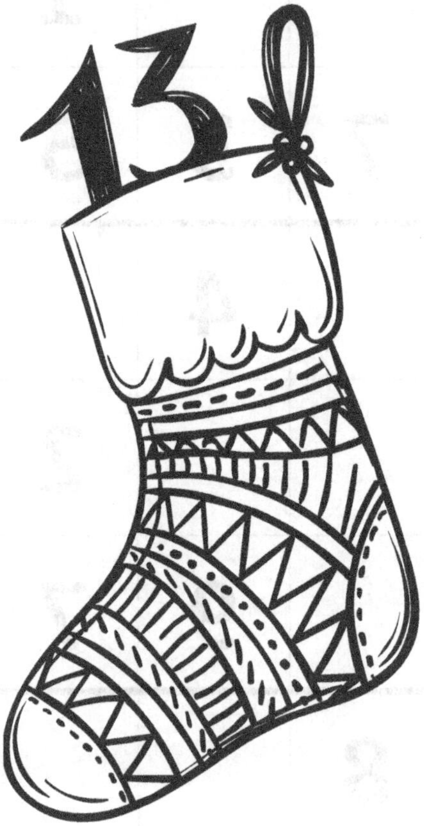
13

Sudoku - 25

4	9	3	8	5	7		6	2
	1				3	8		
	8				1	9	3	7
			3		8		7	1
	5	1	9			6		
8	2							4
		2		3	6		8	
		4	1	8	2	7	5	3
			7	4	9		1	

Sudoku - 26

	4	3		2			8	
8		6		5	3		1	
9		7			8	3	6	2
6	9			4	7	5		
			5	9			2	6
	1	5		3	2	8		
	6	9			5			4
	7	4	3	6		1	5	8
5	8	1	2	7	4	6		3

Sudoku - 27

9					8	2	1	6
5		8	7	6	2	3		9
			4		1		5	7
	7	2		8	6		3	
1		6	9		4			2
	9			2			6	4
3				7	9		2	
7				4	3		9	8
	6		8	1			7	3

Sudoku - 28

			6	8		5	9	
2	5		1	9	4	8		7
9	8	1	5	3	7		6	2
			7		6			5
4	6	7		5		1		
	1		4		9		8	6
			3	1	6	9	5	
1	3			5				
	4			7	8		1	

14

Sudoku - 29

1	9		3	7			2	
5	4	8	2	9	6	3		
2		7			1	6	4	
7	2		4					3
3	8			1	2	4		7
	1	4			7	2		
9	6			8				4
8		1	6		3	7		2
	7		1		9	8		6

Sudoku - 30

6	3				4	7	2	1
7	9	4		1			8	5
	8	2	7			4	3	
8	2	6			1			3
4	1	9	2	3	8	5	6	7
3	5		6				1	8
		8	4	2	3			
				9			7	
5			8	6	7			2

15

Sudoku - 31

9	4	5	2		7		8	
3			8	5	4	6	2	9
		2	3	9		7		
4	5	6	7	3	2		1	
		8	6	4				
7				1	8	2		
	6				3			2
	3		1				9	6
5	2	4	9	8		1		3

Sudoku - 32

7				5			8	
			8		3		7	
	3	4		7		5		2
			4	1	8	9	3	
6	8	3						1
			6				5	
5	6	8		4			9	7
1	7	2		8	5	6	4	3
			7	2	6	8		5

16

Sudoku - 33

5	7			1	8	9		
9	6		7	2			5	1
	2	1	5		9			6
	5		2	8	3	6	7	4
6	3	4	9	7		2	1	
7	8		1	4		5	9	3
8		6	3			4		5
			8	5	2			
						8	3	7

Sudoku - 34

				2	8		5	9
2		4	7		5		1	
5	6		3	4		2	7	
		6	5	3	9		2	
				6	7	5	3	
4		3			2	7	9	
	7	1		8		9	4	
			9	7	6	1	8	
8	9	2				3	6	7

17

Sudoku - 35

	2	7		3	4	5		1
				9	6	3		
	9	3				6		
	5		3	8	7	1		
	8	2			5	4		7
	7		9	4		8		6
			1		8			
2					9			3
			7	2	3	9	6	8

Sudoku - 36

6	5							
7		4						
3	1	2			9			4
	9		5	1	4	7		
8		1		2	6		4	
5	4		8			1	2	9
		5		4	8	6	7	
1	2	8	6		5	4	9	3
			2	9		8		1

19

Sudoku - 37

			3	6	7		9	
		3	2		8			
				5			2	1
	8	7			4	9	1	
4			6	9	3	8	7	
2	3	9	8		1	4	6	5
		5	1	4	6			
8	1				2		5	4
		4			5			

Sudoku - 38

		1						4
	6					3		8
		4		1	9		2	5
9		5	8				4	1
1				7	2	8		
8		3	9			6	5	7
5		2		8	3		7	6
4				6			8	
6			4			5	3	

20

Sudoku - 39

		9	2	4	7	1	5	
5	6	7		9		8		
	4		8	5	6	3	7	9
3			6	2		7		
	1				4	2		3
		6					8	5
6	5		4			9		
	9	2					3	7
1		3						

Sudoku - 40

6	9							3
5			9	3	7	4		
	3	7	8				1	
7	5			8		1	2	
8			5		1	3		
1	6	4	7		3	5		
2	4							7
	7			5	6	8		
	8	6				2		1

20

Sudoku - 41

	1			6		4	9	
7	3		2	9		5		
	5		4	8	7			1
				9	5	8		4
4	8				2			
2			6	7	4			
			5	1		7		4
5		8	7		6			
		1	8		3		5	2

Sudoku - 42

	3	7	9					
1			4				9	
	8					5	4	3
		4	5	8	6	3	1	
5	9	3	2		1	8	7	6
		1	3	7				2
3							2	5
6	5	9	1				3	
				5	3			

22

Sudoku - 43

7		9		5	6			8
	5		1	2				6
8	6						3	1
6				9			2	5
1	3	5	6				7	9
9	2			1		8	6	3
	9	4	8			3	5	
				4				2
		1	2			6		

Sudoku - 44

4			1	3				7
2	8	1		7	9		4	
	5			8	2		9	
9			5	1		7	6	4
5	4		3			9	1	
				2	4			
	3		2	4				
8	9		7		3	6	2	
7			8	9	6		5	

23

Sudoku - 45

	3	9	8			6		
		5			6		4	9
				9	1	5	3	
8		6			7	2		
9	1	3	6	2	5	4	7	8
		7	3	4		1		
							6	2
			4		2			
5	9		1		3			4

Sudoku - 46

	5	6					9	1
9		3	5		1	7	8	
7	8		6		9			
4	1		9		2	6	5	7
					7		3	4
		9	4	6				
				8		6		
			2	5	6			9
8		2	1				7	5

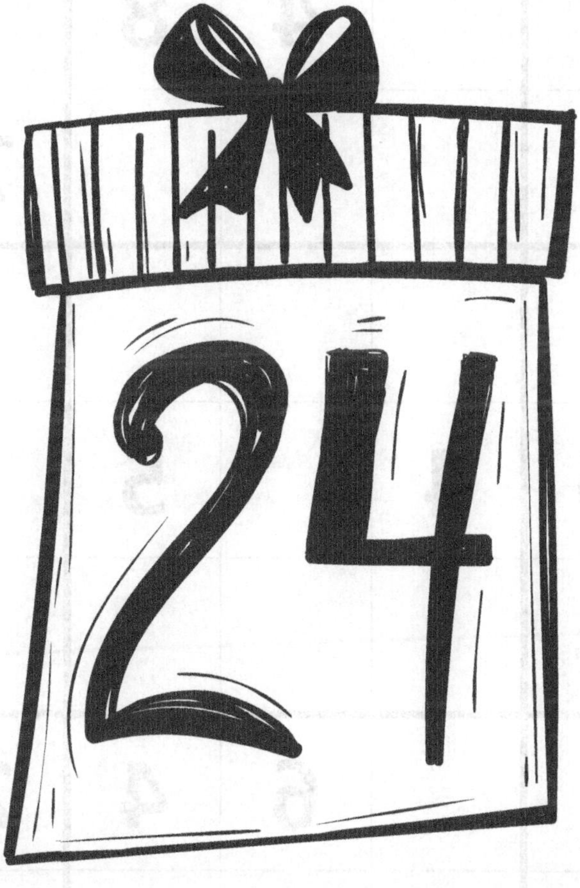
24

Sudoku - 47

4	3	1	9	2	7	8	5	6
2	6	7			4	8		
						7	2	
3								
		6	4		5			3
1	8	4					6	
				6	4	2		5
			2	5	1	6		
6	5			3			1	8

Sudoku - 48

	3	5				1	6	7
1				2		9	3	5
9		6	5		1	4		8
5	6		1				8	
				4			1	
	1	4		5	3	2	7	
3		1	8				4	
4				1		6	5	
	5					8		

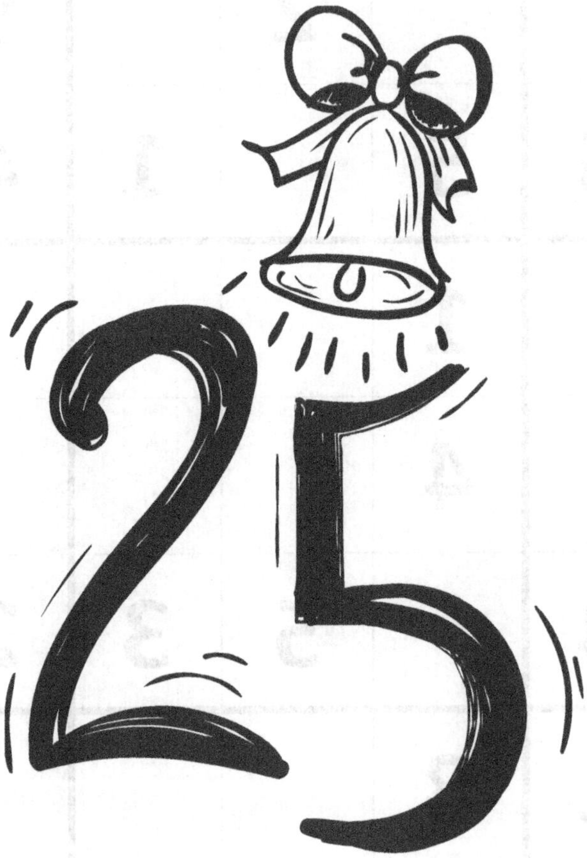
25

Sudoku - 49

	2	8			9	3	7	
	9	5		3			2	1
4		3	1					8
	8		4		3			7
5				9				
	4	1			5			
			5	8		2		
	1	2	3			8	5	6
8	5				1	7	3	4

Sudoku - 50

8						7		3
	7	1	9	3				5
4	5			8		6		1
		6				1	5	2
			4	1			7	
2	1			6	5			9
	2			4				8
9			5	2			1	
1	6		8	7		9	2	4

1

9	8	6	1	7	5	3	2	4
5	1	7	3	4	2	8	6	9
3	4	2	8	9	6	7	5	1
2	5	1	4	8	3	6	9	7
7	9	3	2	6	1	5	4	8
8	6	4	7	5	9	2	1	3
6	7	5	9	3	4	1	8	2
1	3	9	5	2	8	4	7	6
4	2	8	6	1	7	9	3	5

2

2	1	4	3	7	8	6	9	5
8	6	9	1	4	5	2	3	7
3	5	7	2	9	6	4	1	8
4	9	2	8	5	1	7	6	3
5	7	8	6	3	9	1	4	2
6	3	1	4	2	7	8	5	9
7	2	6	5	1	3	9	8	4
9	8	5	7	6	4	3	2	1
1	4	3	9	8	2	5	7	6

3

8	7	9	6	5	2	4	3	1
2	1	3	9	4	8	5	6	7
4	5	6	3	7	1	2	9	8
9	6	8	1	2	3	7	4	5
1	3	7	5	9	4	6	8	2
5	4	2	8	6	7	3	1	9
6	2	5	4	8	9	1	7	3
7	9	1	2	3	6	8	5	4
3	8	4	7	1	5	9	2	6

4

7	8	5	4	1	3	6	2	9
6	1	9	2	5	7	3	8	4
4	2	3	9	6	8	1	7	5
9	5	7	8	3	2	4	1	6
8	4	1	5	9	6	2	3	7
2	3	6	7	4	1	9	5	8
5	9	2	1	8	4	7	6	3
3	7	8	6	2	9	5	4	1
1	6	4	3	7	5	8	9	2

5

5	2	1	8	9	3	4	6	7
3	6	8	2	4	7	5	1	9
9	7	4	1	6	5	8	2	3
6	8	9	3	5	2	1	7	4
1	5	7	6	8	4	3	9	2
4	3	2	9	7	1	6	8	5
2	9	5	4	1	8	7	3	6
8	4	6	7	3	9	2	5	1
7	1	3	5	2	6	9	4	8

6

7	6	1	5	9	2	3	4	8
2	5	9	3	4	8	1	6	7
3	8	4	6	1	7	9	5	2
5	3	6	9	2	1	8	7	4
1	4	8	7	6	5	2	9	3
9	2	7	4	8	3	6	1	5
8	1	5	2	7	6	4	3	9
4	7	2	1	3	9	5	8	6
6	9	3	8	5	4	7	2	1

7

9	4	2	3	7	6	5	1	8
7	1	3	9	5	8	4	6	2
5	6	8	4	2	1	9	3	7
4	7	5	1	6	2	3	8	9
8	2	1	7	3	9	6	4	5
6	3	9	5	8	4	7	2	1
2	5	4	8	9	3	1	7	6
3	9	6	2	1	7	8	5	4
1	8	7	6	4	5	2	9	3

8

2	6	1	5	8	7	9	3	4
8	7	5	4	3	9	1	2	6
9	4	3	6	2	1	8	7	5
7	9	4	3	5	8	6	1	2
3	8	6	7	1	2	4	5	9
1	5	2	9	4	6	7	8	3
5	1	8	2	6	4	3	9	7
4	3	7	8	9	5	2	6	1
6	2	9	1	7	3	5	4	8

9

1	5	2	4	7	9	3	6	8
6	3	9	8	5	1	7	4	2
7	4	8	2	3	6	9	1	5
8	6	5	3	4	2	1	7	9
3	7	1	5	9	8	4	2	6
9	2	4	6	1	7	8	5	3
2	1	3	9	6	4	5	8	7
5	8	7	1	2	3	6	9	4
4	9	6	7	8	5	2	3	1

10

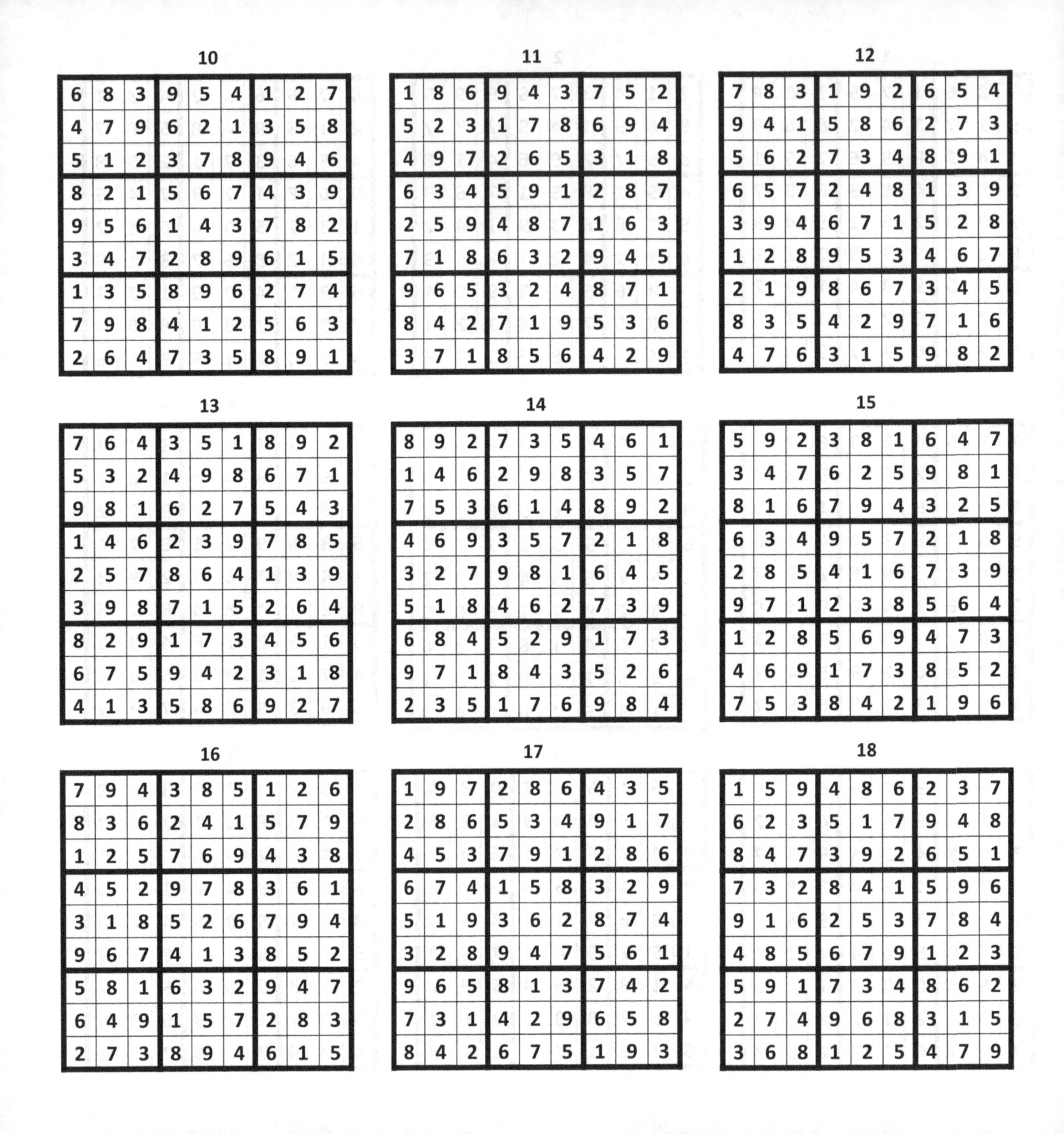

6	8	3	9	5	4	1	2	7
4	7	9	6	2	1	3	5	8
5	1	2	3	7	8	9	4	6
8	2	1	5	6	7	4	3	9
9	5	6	1	4	3	7	8	2
3	4	7	2	8	9	6	1	5
1	3	5	8	9	6	2	7	4
7	9	8	4	1	2	5	6	3
2	6	4	7	3	5	8	9	1

11

1	8	6	9	4	3	7	5	2
5	2	3	1	7	8	6	9	4
4	9	7	2	6	5	3	1	8
6	3	4	5	9	1	2	8	7
2	5	9	4	8	7	1	6	3
7	1	8	6	3	2	9	4	5
9	6	5	3	2	4	8	7	1
8	4	2	7	1	9	5	3	6
3	7	1	8	5	6	4	2	9

12

7	8	3	1	9	2	6	5	4
9	4	1	5	8	6	2	7	3
5	6	2	7	3	4	8	9	1
6	5	7	2	4	8	1	3	9
3	9	4	6	7	1	5	2	8
1	2	8	9	5	3	4	6	7
2	1	9	8	6	7	3	4	5
8	3	5	4	2	9	7	1	6
4	7	6	3	1	5	9	8	2

13

7	6	4	3	5	1	8	9	2
5	3	2	4	9	8	6	7	1
9	8	1	6	2	7	5	4	3
1	4	6	2	3	9	7	8	5
2	5	7	8	6	4	1	3	9
3	9	8	7	1	5	2	6	4
8	2	9	1	7	3	4	5	6
6	7	5	9	4	2	3	1	8
4	1	3	5	8	6	9	2	7

14

8	9	2	7	3	5	4	6	1
1	4	6	2	9	8	3	5	7
7	5	3	6	1	4	8	9	2
4	6	9	3	5	7	2	1	8
3	2	7	9	8	1	6	4	5
5	1	8	4	6	2	7	3	9
6	8	4	5	2	9	1	7	3
9	7	1	8	4	3	5	2	6
2	3	5	1	7	6	9	8	4

15

5	9	2	3	8	1	6	4	7
3	4	7	6	2	5	9	8	1
8	1	6	7	9	4	3	2	5
6	3	4	9	5	7	2	1	8
2	8	5	4	1	6	7	3	9
9	7	1	2	3	8	5	6	4
1	2	8	5	6	9	4	7	3
4	6	9	1	7	3	8	5	2
7	5	3	8	4	2	1	9	6

16

7	9	4	3	8	5	1	2	6
8	3	6	2	4	1	5	7	9
1	2	5	7	6	9	4	3	8
4	5	2	9	7	8	3	6	1
3	1	8	5	2	6	7	9	4
9	6	7	4	1	3	8	5	2
5	8	1	6	3	2	9	4	7
6	4	9	1	5	7	2	8	3
2	7	3	8	9	4	6	1	5

17

1	9	7	2	8	6	4	3	5
2	8	6	5	3	4	9	1	7
4	5	3	7	9	1	2	8	6
6	7	4	1	5	8	3	2	9
5	1	9	3	6	2	8	7	4
3	2	8	9	4	7	5	6	1
9	6	5	8	1	3	7	4	2
7	3	1	4	2	9	6	5	8
8	4	2	6	7	5	1	9	3

18

1	5	9	4	8	6	2	3	7
6	2	3	5	1	7	9	4	8
8	4	7	3	9	2	6	5	1
7	3	2	8	4	1	5	9	6
9	1	6	2	5	3	7	8	4
4	8	5	6	7	9	1	2	3
5	9	1	7	3	4	8	6	2
2	7	4	9	6	8	3	1	5
3	6	8	1	2	5	4	7	9

19

5	1	2	4	6	9	3	7	8
9	4	8	3	7	5	1	6	2
3	6	7	8	1	2	9	5	4
1	5	6	7	8	4	2	3	9
4	7	3	2	9	1	6	8	5
8	2	9	5	3	6	7	4	1
7	9	1	6	5	8	4	2	3
2	3	5	9	4	7	8	1	6
6	8	4	1	2	3	5	9	7

20

6	8	4	1	3	2	7	9	5
3	7	2	9	5	8	4	6	1
9	1	5	4	6	7	2	8	3
4	5	7	8	1	3	6	2	9
8	2	3	6	7	9	1	5	4
1	6	9	5	2	4	8	3	7
5	4	6	2	9	1	3	7	8
7	9	8	3	4	6	5	1	2
2	3	1	7	8	5	9	4	6

21

8	9	2	4	7	1	5	6	3
3	6	1	5	9	2	8	4	7
7	5	4	3	8	6	9	2	1
2	3	5	1	4	8	7	9	6
4	7	6	2	5	9	1	3	8
9	1	8	6	3	7	4	5	2
6	8	3	9	1	4	2	7	5
5	4	7	8	2	3	6	1	9
1	2	9	7	6	5	3	8	4

22

9	5	6	4	8	2	7	3	1
3	7	2	9	5	1	8	4	6
8	4	1	7	3	6	9	5	2
6	2	5	3	4	8	1	7	9
4	3	7	6	1	9	5	2	8
1	8	9	2	7	5	3	6	4
2	1	8	5	6	7	4	9	3
5	9	3	1	2	4	6	8	7
7	6	4	8	9	3	2	1	5

23

2	1	4	6	3	5	7	8	9
9	7	3	2	4	8	1	6	5
8	5	6	9	7	1	3	4	2
1	6	7	3	8	2	5	9	4
3	2	9	4	5	6	8	1	7
5	4	8	7	1	9	6	2	3
4	9	5	8	6	7	2	3	1
6	3	1	5	2	4	9	7	8
7	8	2	1	9	3	4	5	6

24

5	2	9	4	6	8	3	7	1
7	3	8	9	2	1	6	4	5
6	1	4	7	3	5	8	9	2
1	6	2	5	4	3	7	8	9
9	7	3	6	8	2	1	5	4
8	4	5	1	9	7	2	6	3
3	9	1	8	7	4	5	2	6
4	5	7	2	1	6	9	3	8
2	8	6	3	5	9	4	1	7

25

4	9	3	8	5	7	1	6	2
7	1	6	2	9	3	8	4	5
2	8	5	4	6	1	9	3	7
6	4	9	3	2	8	5	7	1
3	5	1	9	7	4	6	2	8
8	2	7	6	1	5	3	9	4
1	7	2	5	3	6	4	8	9
9	6	4	1	8	2	7	5	3
5	3	8	7	4	9	2	1	6

26

1	4	3	7	2	6	9	8	5
8	2	6	9	5	3	4	1	7
9	5	7	4	1	8	3	6	2
6	9	2	8	4	7	5	3	1
4	3	8	5	9	1	7	2	6
7	1	5	6	3	2	8	4	9
3	6	9	1	8	5	2	7	4
2	7	4	3	6	9	1	5	8
5	8	1	2	7	4	6	9	3

27

9	4	7	5	3	8	2	1	6
5	1	8	7	6	2	3	4	9
6	2	3	4	9	1	8	5	7
4	7	2	1	8	6	9	3	5
1	3	6	9	5	4	7	8	2
8	9	5	3	2	7	1	6	4
3	8	4	6	7	9	5	2	1
7	5	1	2	4	3	6	9	8
2	6	9	8	1	5	4	7	3

28

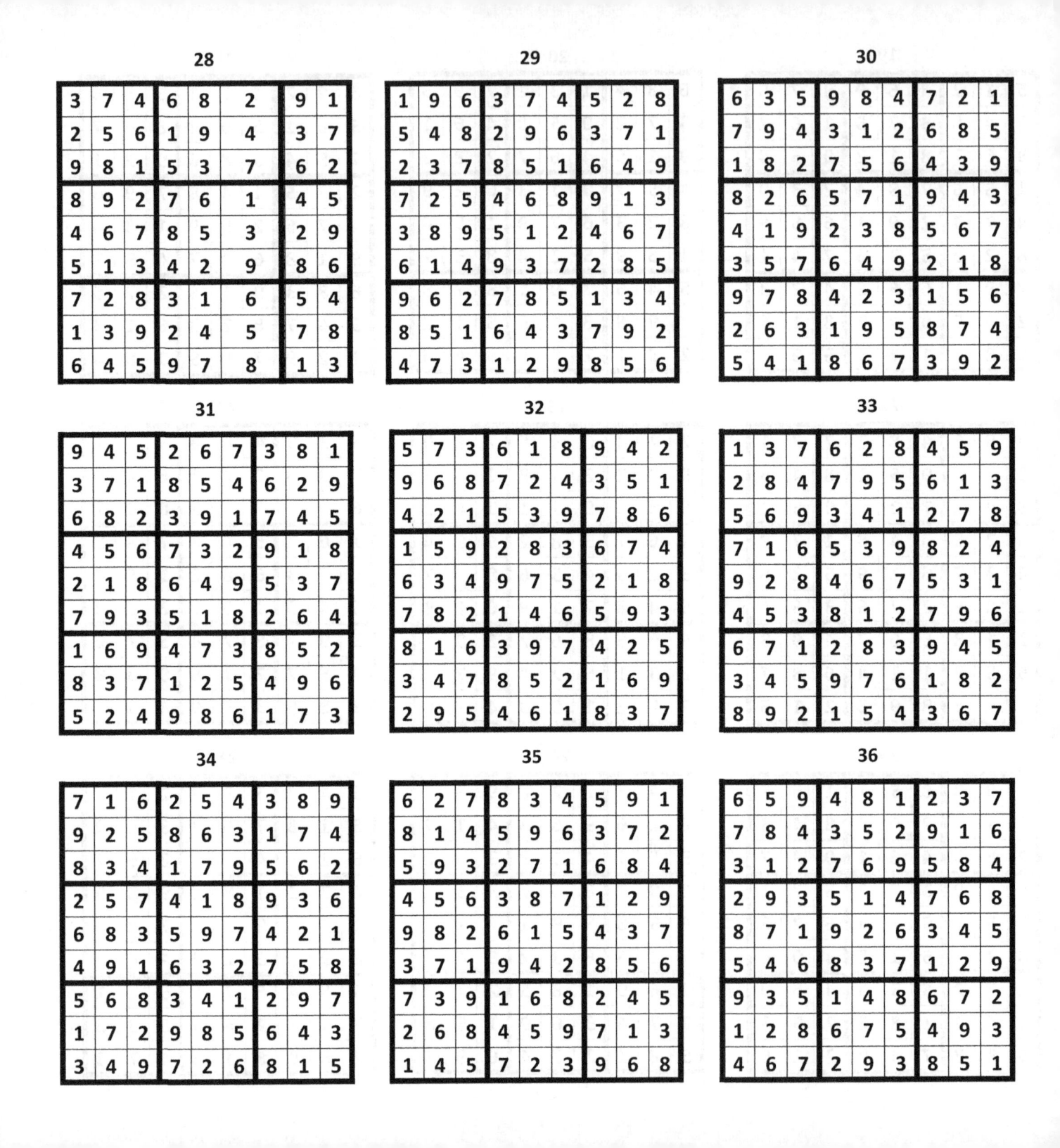

3	7	4	6	8	2		9	1
2	5	6	1	9	4		3	7
9	8	1	5	3	7		6	2
8	9	2	7	6	1		4	5
4	6	7	8	5	3		2	9
5	1	3	4	2	9		8	6
7	2	8	3	1	6		5	4
1	3	9	2	4	5		7	8
6	4	5	9	7	8		1	3

29

1	9	6	3	7	4	5	2	8
5	4	8	2	9	6	3	7	1
2	3	7	8	5	1	6	4	9
7	2	5	4	6	8	9	1	3
3	8	9	5	1	2	4	6	7
6	1	4	9	3	7	2	8	5
9	6	2	7	8	5	1	3	4
8	5	1	6	4	3	7	9	2
4	7	3	1	2	9	8	5	6

30

6	3	5	9	8	4	7	2	1
7	9	4	3	1	2	6	8	5
1	8	2	7	5	6	4	3	9
8	2	6	5	7	1	9	4	3
4	1	9	2	3	8	5	6	7
3	5	7	6	4	9	2	1	8
9	7	8	4	2	3	1	5	6
2	6	3	1	9	5	8	7	4
5	4	1	8	6	7	3	9	2

31

9	4	5	2	6	7	3	8	1
3	7	1	8	5	4	6	2	9
6	8	2	3	9	1	7	4	5
4	5	6	7	3	2	9	1	8
2	1	8	6	4	9	5	3	7
7	9	3	5	1	8	2	6	4
1	6	9	4	7	3	8	5	2
8	3	7	1	2	5	4	9	6
5	2	4	9	8	6	1	7	3

32

5	7	3	6	1	8	9	4	2
9	6	8	7	2	4	3	5	1
4	2	1	5	3	9	7	8	6
1	5	9	2	8	3	6	7	4
6	3	4	9	7	5	2	1	8
7	8	2	1	4	6	5	9	3
8	1	6	3	9	7	4	2	5
3	4	7	8	5	2	1	6	9
2	9	5	4	6	1	8	3	7

33

1	3	7	6	2	8	4	5	9
2	8	4	7	9	5	6	1	3
5	6	9	3	4	1	2	7	8
7	1	6	5	3	9	8	2	4
9	2	8	4	6	7	5	3	1
4	5	3	8	1	2	7	9	6
6	7	1	2	8	3	9	4	5
3	4	5	9	7	6	1	8	2
8	9	2	1	5	4	3	6	7

34

7	1	6	2	5	4	3	8	9
9	2	5	8	6	3	1	7	4
8	3	4	1	7	9	5	6	2
2	5	7	4	1	8	9	3	6
6	8	3	5	9	7	4	2	1
4	9	1	6	3	2	7	5	8
5	6	8	3	4	1	2	9	7
1	7	2	9	8	5	6	4	3
3	4	9	7	2	6	8	1	5

35

6	2	7	8	3	4	5	9	1
8	1	4	5	9	6	3	7	2
5	9	3	2	7	1	6	8	4
4	5	6	3	8	7	1	2	9
9	8	2	6	1	5	4	3	7
3	7	1	9	4	2	8	5	6
7	3	9	1	6	8	2	4	5
2	6	8	4	5	9	7	1	3
1	4	5	7	2	3	9	6	8

36

6	5	9	4	8	1	2	3	7
7	8	4	3	5	2	9	1	6
3	1	2	7	6	9	5	8	4
2	9	3	5	1	4	7	6	8
8	7	1	9	2	6	3	4	5
5	4	6	8	3	7	1	2	9
9	3	5	1	4	8	6	7	2
1	2	8	6	7	5	4	9	3
4	6	7	2	9	3	8	5	1

37

1	4	2	3	6	7	5	9	8
5	9	3	2	1	8	6	4	7
7	6	8	4	5	9	3	2	1
6	8	7	5	2	4	9	1	3
4	5	1	6	9	3	8	7	2
2	3	9	8	7	1	4	6	5
3	7	5	1	4	6	2	8	9
8	1	6	9	3	2	7	5	4
9	2	4	7	8	5	1	3	6

38

7	5	1	3	2	8	9	6	4
2	6	9	7	5	4	3	1	8
3	8	4	6	1	9	7	2	5
9	7	5	8	3	6	2	4	1
1	4	6	5	7	2	8	9	3
8	2	3	9	4	1	6	5	7
5	9	2	1	8	3	4	7	6
4	3	7	2	6	5	1	8	9
6	1	8	4	9	7	5	3	2

39

8	3	9	2	4	7	1	5	6
5	6	7	3	9	1	8	2	4
2	4	1	8	5	6	3	7	9
3	8	4	6	2	5	7	9	1
9	1	5	7	8	4	2	6	3
7	2	6	1	3	9	4	8	5
6	5	8	4	7	3	9	1	2
4	9	2	5	1	8	6	3	7
1	7	3	9	6	2	5	4	8

40

6	9	2	4	1	5	7	8	3
5	1	8	9	3	7	4	6	2
4	3	7	8	6	2	9	1	5
7	5	3	6	8	9	1	2	4
8	2	9	5	4	1	3	7	6
1	6	4	7	2	3	5	9	8
2	4	5	1	9	8	6	3	7
3	7	1	2	5	6	8	4	9
9	8	6	3	7	4	2	5	1

41

8	1	2	3	6	5	4	9	7
7	3	4	2	9	1	5	6	8
6	5	9	4	8	7	3	2	1
1	6	7	9	5	8	2	4	3
4	8	5	1	3	2	9	7	6
2	9	3	6	7	4	8	1	5
3	2	6	5	1	9	7	8	4
5	4	8	7	2	6	1	3	9
9	7	1	8	4	3	6	5	2

42

4	3	7	9	6	5	2	8	1
1	2	5	4	3	8	6	9	7
9	8	6	7	1	2	5	4	3
2	7	4	5	8	6	3	1	9
5	9	3	2	4	1	8	7	6
8	6	1	3	7	9	4	5	2
3	4	8	6	9	7	1	2	5
6	5	9	1	2	4	7	3	8
7	1	2	8	5	3	9	6	4

43

7	1	9	3	5	6	2	4	8
4	5	3	1	2	8	7	9	6
8	6	2	9	7	4	5	3	1
6	4	8	7	9	3	1	2	5
1	3	5	6	8	2	4	7	9
9	2	7	4	1	5	8	6	3
2	9	4	8	6	1	3	5	7
3	8	6	5	4	7	9	1	2
5	7	1	2	3	9	6	8	4

44

4	6	9	1	3	5	2	8	7
2	8	1	6	7	9	3	4	5
3	5	7	4	8	2	1	9	6
9	2	3	5	1	8	7	6	4
5	4	8	3	6	7	9	1	2
1	7	6	9	2	4	5	3	8
6	3	5	2	4	1	8	7	9
8	9	4	7	5	3	6	2	1
7	1	2	8	9	6	4	5	3

45

7	3	9	8	5	4	6	2	1
1	2	5	7	3	6	8	4	9
6	8	4	2	9	1	5	3	7
8	4	6	9	1	7	2	5	3
9	1	3	6	2	5	4	7	8
2	5	7	3	4	8	1	9	6
4	7	1	5	8	9	3	6	2
3	6	8	4	7	2	9	1	5
5	9	2	1	6	3	7	8	4

46

2	5	6	7	8	3	4	9	1
9	4	3	5	2	1	7	8	6
7	8	1	6	4	9	5	2	3
4	1	8	9	3	2	6	5	7
6	2	5	8	1	7	9	3	4
3	7	9	4	6	5	2	1	8
5	9	4	3	7	8	1	6	2
1	3	7	2	5	6	8	4	9
8	6	2	1	9	4	3	7	5

47

4	3	1	9	2	7	8	5	6
2	6	7	5	4	8	3	9	1
5	9	8	6	1	3	7	2	4
3	7	5	1	8	6	9	4	2
9	2	6	4	7	5	1	8	3
1	8	4	3	9	2	5	6	7
7	1	9	8	6	4	2	3	5
8	4	3	2	5	1	6	7	9
6	5	2	7	3	9	4	1	8

48

2	3	5	9	8	4	1	6	7
1	4	8	7	2	6	9	3	5
9	7	6	5	3	1	4	2	8
5	6	9	1	7	2	3	8	4
7	2	3	4	9	8	5	1	6
8	1	4	6	5	3	2	7	9
3	9	1	8	6	5	7	4	2
4	8	7	2	1	9	6	5	3
6	5	2	3	4	7	8	9	1

49

1	2	8	6	4	9	3	7	5
6	9	5	8	3	7	4	2	1
4	7	3	1	5	2	6	9	8
2	8	9	4	1	3	5	6	7
5	6	7	2	9	8	1	4	3
3	4	1	7	6	5	9	8	2
7	3	4	5	8	6	2	1	9
9	1	2	3	7	4	8	5	6
8	5	6	9	2	1	7	3	4

50

8	9	2	6	5	1	7	4	3
6	7	1	9	3	4	2	8	5
4	5	3	2	8	7	6	9	1
7	4	6	3	9	8	1	5	2
5	3	9	4	1	2	8	7	6
2	1	8	7	6	5	4	3	9
3	2	7	1	4	9	5	6	8
9	8	4	5	2	6	3	1	7
1	6	5	8	7	3	9	2	4

Made in the USA
Middletown, DE
23 November 2024

65305342R00046